DIDON,
TRAGEDIE
EN
MUSIQUE.

Representée par l Aacademie Roya-
le de Musique, établie à STRASBOURG.

A STRASBOURG,

De l'Imprimerie de MICHEL STORCK,
M. DCCI.

ACTEURS
DU PROLOGUE.

MARS.

LA RENOMME'E.

Suite de Mars.

Suite de la Renommée.

VENUS.

Suite de Venus.

PROLOGUE.

LE THEATRE REPRESENTE
le Palais de MARS.

SCENE I.

MARS, LA RENOMME'E.

Suite de MARS.   Suite de la RENOMME'E.

MARS.

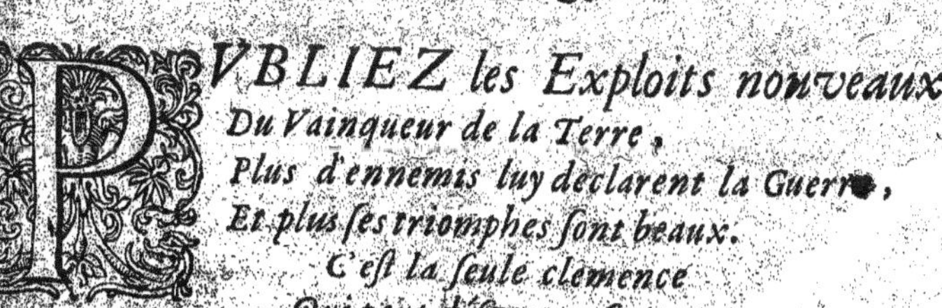

*P*VBLIEZ *les Exploits nouveaux*
Du Vainqueur de la Terre,
Plus d'ennemis luy declarent la Guerre,
Et plus ses triomphes sont beaux:
C'est la seule clemence
Qui peut desarmer sa vengeance,
Il a vaincu mille Peuples divers
Si ses desirs égalloient sa puissance,
Il rangeroit tout l'Univers
Sous son obeïssance.

PROLOGUE.

LE CHOEUR.

Chantons tous ses fameux Exploits
Trompettez & Tambours répondez à nos voix.

LA RENOMMÉ.

Dans les Siecles passez je publiois la gloire
De tous les fameux Conquerans :
Cependant j'avois des momens
Qui n'estoient pas marquez par la Victoire.
Mais depuis que le Ciel a donné ce Heros
J'ay tûjours trop à dire,
Il ne prend jamais de repos
Pour luy seul je ne puis suffire.
Je vole en tous lieux
Je parle sans cesse,
Pour annoncer ses Exploits glorieux
Mais c'est en vain que je me presse.
De sa valeur le trop rapide cours
Me devance toûjours,
Et lorsqu'avec un soin fidelle
J'apprens à l'univers ce qu'il fait d'éclattant
Il se couronne au mesme instant
D'une gloire nouvelle.

LE CHOEUR.

Chantons tous ses fameux exploits
Trompettes & Tambours répondez à nos voix.

MARS.

Qu'on entende le bruit & le fracas des armes
La Gloire a pour luy mille charmes,

Haſtez-vous d'élever un trophée à l'honneur
De ce redoutable Vainqueur.

SCENE II.

MARS, LA RENOMME'E. VENUS.

Suite de Mars.   Suite de la Renommée.
Suite de Venus.

VENUS.

CE bruit de guerre m'épouvante
  En ferez-vous toûjours vos plus charmans concerts,
    Rendez le calme à l'Vnivers,
    Puiſque la France eſt triomphante.
Impitoyable Mars laiſſez regner la Paix
  Quel bien pour moy peut avoir plus d'attraits.
Sans elle je ne puis rétablir mon Empire,
  En vain l'amour promet mille douceurs
    Ce n'eſt plus pour luy qu'on ſoûpire
    La Gloire occupe tous les cœurs.

MARS.

  Ne vous plaignez point de la Gloire,
Le Heros qu'elle ſuit au milieu des combats
    Commande à la Victoire;
  Malgré la guerre un repos plein d'appas.
    Regne dans ces heureux climats,
    Vous trouverez de doux aziles
    Pour les amours & les plaiſirs,

Et de jeunes cœurs inutiles,
Qui se rendront toûjours au gré de vos desirs.

MARS, VENVS ET LA RE-NOMME'E.

Accordez-vous Tymbales & Trompettes,
Avec le doux son des Musettes,
Qu'on entende tour à tour
Des chants de Victoire & d'amour.

Le Chœur repete ces derniers Vers.

CHOEUR DE NYMPHES.

Dans le bonheur qui nous enchante
Pourrions-nons ne pas aymer!
Ah ! qu'une ame contente
Est facile à charmer.
Quand on fait son unique affaire
De Ris, des Jeux & des Plaisirs,
Le tendre Amour ne tarde guere
De faire sentir ses desirs.
N'esperez pas fiere Yagesse
De pouvoir garder nos cœurs,
De l'aymable jeunesse
Nous goûtons les douceurs,
Quand on fait son unique affaire
Des Ris, des Jeux, & des Plaisirs,
Le tendre Amour ne tarde guere
De faire sentir ses desirs.

PROLOGUE

UNE NYMPHE.

Dans ces lieux que l'amour a d'attraits
Nous allons au devant de ses traits,
 Et jamais
  Nos cœurs satisfaits
  N'ont poussé de regrets ;
  Ne craignez point ses coups,
   Ils sont doux
Jeunes cœurs rendez-vous
 Chacun à son tour,
  Doit se rendre à l'Amour.
Qui se livre à ce Dieu si charmant
  S'épargne du tourment,
Hastez-vous de former de beaux nœuds
  Ah ! qu'on est heureux
  Quand on est amoreux.
  Languers, transports, desirs,
   Source de plaisirs,
   Aymables ardeurs,
  Enchantez tous le cœurs.

MARS.

Jeux innocens prenez de nouveaux charmes,
 A l'abry des Lauriers
  Du plus grand des Guerriers.
Aprés avoir chantè le bonheur de ses armes
 Faites revivre en son auguste Cour,
 De Didon la fameuse histoire
Et montrez que la Gloire
Dans les grands cœur l'emporre sur l'Amour.

PROLOGVE.
LE CHOEUR.

Le Vainqueur des Vainqueurs a lancé son Tonnere.
Tout tremble , tout reçoit ses loix ,
On le voit triompher sur les eaux , sur la terre ,
Publions à jamais tant de fameux exploits.

Fin du Prologue.

ACTEURS
DE LA
TRAGEDIE.

DIDON, *Reyne de Carthage, veuve de Sichée.*
ANNE, *Sœur de Didon.*
ENE'E, *fils de Venus Prince Troyen, Amant de Didon.*
IARBE, *Roy de Getulie, fils de Jupiter, amoureux de Didon.*
ARCAS, *confident d'Iarpe.*
ACATE, *confident d'Enée.*
BARCE', *confidente de Didon.*
Troupe de Carthaginois.
IUPITER.
Troupe de Faunes.
Troupe de Driades.
VENUS.
UNE MAGICIENNE.
Troupe de Demons.
Troupe de Furies.
Troupe d'Esprits Aëriens transformez en Amours.
LES JEUX.
LES PLAISIRS.
MERCURE.
L'OMBRE DE SICHE'E.

La Scene est à Carthage.

B

DIDON,
TRAGEDIE.

ACTE PREMIER.
Le Theatre represente le Palais de Didon.

SCENE I.

DIDON seule.

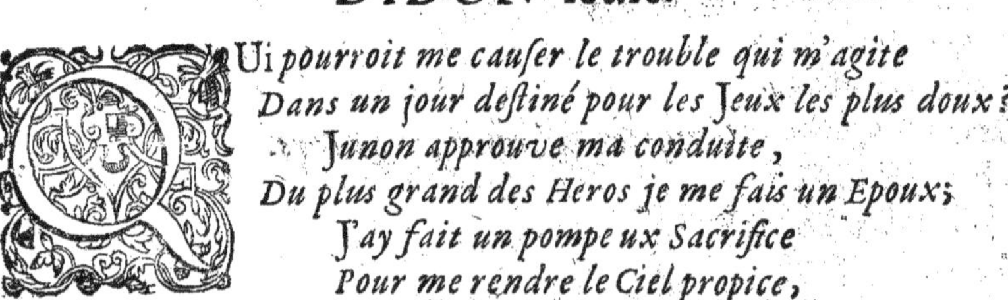

Ui pourroit me causer le trouble qui m'agite
Dans un jour destiné pour les Jeux les plus doux?
Junon approuve ma conduite,
Du plus grand des Heros je me fais un Epoux;
J'ay fait un pompeux Sacrifice
Pour me rendre le Ciel propice,
Que puis-je avoir à redouter ?
Est-ce encor mon perfide frere,
Est-ce Iarbe, dont la colere
Pourroit enfin éclater ?

J'ay méprisé ses feux & sa constance,
Sans luy je n'aurois pas un azile en ces lieux,
Ah! quels seront ses transports furieux
De voir qu'un étranger ait eu la preference?
Mais pourquoy m'allarmer? tout me sera soûmis,
En épousant Enée, au moins j'ay lieu d'attendre,
Que sa valeur sçaura bien me deffendre
Contre mes plus fiers ennemis.

SCENE II.

DIDON, ANNE.

ANNE.

CHarmante Reine, enfin voici cet heureux jour,
Où nous verrons l'Hymen d'acord avec l'Amour;
Quelle gloire pour vous que ces Dieux soient ensemble!
Ils paroissoient ennemis sans retour,
Et vostre beauté les rassemble.
Est-il un sort plus doux?
Vostre ardeur est extréme,
Le Heros, qui vous aime,
Veut estre vostre époux;
Est-il un sort plus doux?

DIDON.

Malgré le bonheur qui m'enchante,
Mon cœur, ne peut goûter de tranquilles plaisirs,
Du malheureux Sichée une image sanglante,

Vient chaque jour m'arracher des soûpirs ;
Je ne puis vaincre ma foiblesse ,
Je crois le voir à tout moment
Me reprocher , que j'avois fait serment
De luy conserver ma tendresse.

ANNE.

Je vous l'ay dit cent fois ,
Ne craignez point d'estre infidelle
A ceux , qui sont dans la nuit éternelle ,
D'un époux qui n'est , plus on n'entend point la voix :
Ce n'est qu'une pure chimere ,
Enée a sceu vous plaire ,
Il est du sang des Dieux ,
La mere d'Amour est sa mere ,
Vous luy donnez la main , pouvez-vous faire mieux ?

DIDON.

Vous m'avez conseillé d'abondonner mon ame
A ma naissante flame ,
De vos conseils j'a suivy la douceur !
Mais j'ay fait encor d'avantage ,
J'ay découvert à mon Vainqueur ,
Que je partageois sa langueur.
Ce fut le jour de ce fatal orage ,
Qui nous surprit en chassant dans ces bois ,
De Junon j'entendis la voix ,
Elle nous fit entrer dans une grotte sombre ,
Où nous ne craignions plus les vents impetueux ;
Mais , helas ! le silence & l'ombre
Pour des amans sont bien plus dangereux ?
Enée avoit trop de tendresse ,

Je ne pûs luy cacher le secret de mon cœur,
  En presence de la Déesse
Nous nous sommes promis une éternelle ardeur.

ANNE.

Il vient, & ses regards vont dissiper la crainte
  Dont vostre ame est atteinte,
  Je vais presser vostre bonheur,
  Et finir vos allarmes
En pressant un hymen si doux si plein de charmes.

SCENE III.

DIDON, ENE'E.

ENNE'E.

*B*Elle Reine, ce jour qui doit me rendre heureux,
  Fait languir mon cœur amoureux.
Je voudrois déja voir la fin de cette fête;
Lorsqu'à la celebrer tout le peuple s'apprête,
Il retarde l'instant qui doit combler mes vœux.

DIDON.

C'est peu pour vous de recevoir l'homage
  Des peuples de Carthage;
  Ah! que ne puis-je en vous donnant la main
De l'Univers entier vous rendre aussi le maître!
Contentez-vous de meriter de l'être,
  Le reste dépend du Destin.

E N E' E.

Pour les Grandeurs je ne suis point sensible,
Depuis que vous m'avez charmé,
Non, non, il ne m'est pas possible
De goûter de plaisir que celuy d'estre aimé.
Aux douceurs d'une amour extrême
Il faut borner tous nos desirs;
Ne nous occupons plus de la Grandeur suprême,
Goûtons en nous aimant de tranquiles plaisirs,
Aux douceurs d'une amour extrême
Il faut borner tous nos desirs.

E N E' E & D I D O N.

Non, rien n'égale ma tendresse,
J'aime avec plus d'ardeur qu'on n'a jamais aimé,
De mille & mille feux mon cœur est consumé;
Non, rien n'égale ma tendresse,
J'aime avec plus d'ardeur qu'on n'a jamais aimè.

D I D O N.

Brûlerez-vous toûjours d'une si belle flâme?

E N E' E.

Seray-je toûjours dans vostre ame?

D I D O N.

Rien ne sçauroit me dégager
Du nœud charmant qui nous lie.

E N E' E.

Plûtost que de changer
Je perdray la vie.

ENE'E & DIDON.

Quand on aime tendrement
On n'est jamais sans allarmes,
Plus un amour a de charmes,
Et plus on craint un fatal changement :
Quand on aime tendrement
On n'est jamais sans allarmes.

SCENE IV.

DIDON, ENE'E, ANNE.

ANNE.

JE vous retrouve icy dans une paix profonde,
Vous estes enchantez d'un entretien trop doux,
Si je ne revenois à vous
Vous pourriez oublier tout le reste du monde :
Des Sujets empressez arrivent dans ces lieux
Pour vous marquer leur zele.
Chacun veut vous jurer qu'il vous sera fidele,
Venez, Prince, venez vous montrer à leurs yeux.

SCENE V.

DIDON, ENE'E, ANNE.

les Peuples de Carthage.

UNE CARTHAGINOISE.

Nous venons rendre homage
Au plus grand des Heros,
Il assure le repos
De l'heureuse Carthage;
Nous venons rendre homage
Au plus grand des Heros.

Le Chœur repete ces derniers Vers.

UNE CARTHAGINOISE.

Que cet empire naissant
Va devenir florissant,
Nous ne craindrons plus la rage
De nos ennemis jaloux,
Et nous aurons l'avantage
De braver leur vain courroux.

Le Chœur repete ces derniers Vers.

PETIT CHOEUR.

Vivez heureux malgré l'envie,
Que jamais la jalousie
Ne vienne icy troubler de si tendres amours,

TRAGEDIE.

Pour Prolonger le cours
De vos beaux jours
Nous aurions du plaisir à donner nostre vie.

UNE CARTHAGINOISE.

Aymez d'une ardeur constante
Une Reyne si charmante,
Le bruit de vostre bonheur
Fera mourir de douleur
Tous les Amans qui pouvoient y pretendre.
Son cœur a méprisé tant d'illustres Rivaux
Pour vous seul elle veut reprendre
Dés liens nouveaux.

UN CARTHAGINOIS.

Vous portez en aymant de douces chaînes,
L'Amour previent tous vos desirs,
Sans avoir connu es peines
Vous goûtez ses plaisirs.

PETIT CHOEUR.

Aymez, brillante jeunesse,
Imitez vostre aymable Princesse,
Abandonnez vos cœurs
A de tendres ardeurs.

UNE CARTHAGINOISE.

Sans un Amant toûjours tendre & sincere
Les plus beaux de nos jours sont pour nous sans appas.

Les plaisirs ne touchent guere
Lorsque ceux de l'amour ne les animent pas.

Le Chœur repete ces derniers Vers.

PETIT CHOEUR.

Pourquoy veut-on se deffendre
De ses doux enchantemens!
Que l'on perd d'heureux momens
Quand on n'a pas le cœur tendre!

SCENE VI.
DIDON, ENE'E, ANNE, BARCE'.
BARCE'.

REyne, vous ignorez qu'Iarbe est en ces lieux,
Que ses Vaisseaux sont au Port de Carthage?

ANNE.

N'attendez pas qu'il paroisse à vos yeux
Plein de dépit & de rage,
Au Temple de Junon venez sans differer,
Pour vostre Himen j'ay tout fait preparer.

ENE'E.

Je crois que ma presence ailleurs est necessaire,
Mon Rival peut causer quelque soulevement,
Allez, belle Princesse, au Temple la premiere
Je m'y rendray dans un moment.

Fin du premier Acte.

ACTE II.

Le Theatre change, & represente un Bois, & dans l'enfoncement des Rochers d'où il tombe un Torrent.

SCENE I.

IARBE, ARCAS.

IARBE.

EN vain mon chere Arcas, j'ay preſſé mon départ,
Dans ces funeſtes lieux je ſuis venu trop tard,
Un noir preſſentiment vient redoubler ma peine
Et m'aſſure qu'Enée eſt l'Epoux de la Reyne,
Va promptement t'éclaircir de mon ſort?
Mon ſeul eſpoir eſt la mort.

ARCAS.

Je crains que cette ſolitude
Ne redouble l'excés de voſtre inquietude.

IARBE.

Va ne t'arreſte point, dans l'eſtat où je ſuis,
Rien ne ſçauroit augmenter mes ennuis.

SCENE II.

IARBE seul.

SOmbres Forests, Rochers inaccessibles,
    Fier Torrent, que l'Hyver n'a jamais arresté,
A mes cruels malheurs vous n'estes point sensibles,
Mais je ne me plains pas de vostre dureté,
Augmentez, s'il se peut, les tourmens que j'endure :
Et vous tristes Oyseaux de malheureux augure
Par vos funestes cris annoncez mon trépas,
On m'enleve le cœur de la beauté que j'ayme,
    Et dans mon desespoir extréme
Je mourrois mille fois si je ne mourrois pas.
    Pourquoy mourrir ! Courons à la vengeance,
        Il faut punir qui nous offence,
        Cherchons ce Troyen trop heureux,
        Le mépris qu'on fait de mes feux
    Redouble encor le bonheur qui l'enchante.
    Quelle honte pour moy ? ma rage s'en augmente.
    Vous, qui regnez sur tous les autres Dieux,
Vous sçavez que Didon, errante, vagabonde,
        Par mes bienfaits regne en ceux lieux.
    Souffrirez-vous, puissant maistre du monde :
    Qu'on paye tant d'amour d'un mépris odieux ?
        Helas ! croira-t'on sur la terre
Que je suis Fils du Dieu qui lance le tounerre,
        Si l'on voit tant d'heureux mortels
        Joüir en repos de leurs crimes
Au moment que je suis au pied de vos Autels
A vous offrir en vain d'innocentes victimes ?

SCENE III.

Jupiter paroiſt armé de la Foudre ſur un nuâge.

JUPITER, IARBE.

JUPITER.

Mon Fils, ceſſe de t'affliger,
Je jure par le Stix que je vais te vanger
Si la Reyne de Carthage
Refuſe ta main & ton cœur,
Sois ſeur que ton Rival n'aura pas l'avantage
De triompher de ton malheur.
Et vous Devinitez de ce ſejour paiſible,
Faunes, Driades, venez tous
Calmez, s'il eſt poſſible,
Ses mouvements jaloux.
Par vos chants les plus doux.

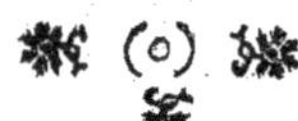

SCENE IV.

IARBE.

Troupe de Faunes & de Driades.

DEUX DRIADES.

Dans la belle saison les fleurs & la verdure
Parent nos bois & nos champs,
Mais c'est l'Amour plûtost que le Printemps
Qui charme toute la nature.
Sans la douceur des amours
Tout languit dans les plus beaux jours.

LE CHOEUR.

Aymons sans cesse,
Changeons toûjours,
Une nouvelle tendresse
Pour réveiller les cœurs est d'un puissant secours
Aymons sans cesse,
Changeons toûjours.

UNE DRIADE.

En amour c'est un avantage
De pouvoir estre inconstant.
Heureux un cœur qui se dégage
Quand il n'est pas constant.
En amour c'est un avantage
De pouvoir estre inconstant.

UN FAUNE.

Nous goûtons les plaisirs les plus doux de la vie
Sans chagrin, sans jalousie,
Nous changons chaque jour.
Il n'importe à l'Amour,
Il ne s'offence
Que de l'indiference.

UN FAUNE.

Sans cesser d'estre amoureux
Nous quittons des beautez cruelles
Pour former de plus doux nœuds,
Nous cessons d'estre fideles
Sans cesser d'estre amoureux.

LE CHOEUR.

Aymons sans cesse
Changeons toûjours.
Une nouvelle tendresse
Pour réveiller les cœurs est d'un puissant secours.
Aymons sans cesse,
Changeons toûjours.

IARBE.

Joüissez des plaisirs où l'Amour vous convie,
Trop heureuses Divinitez,
De ces lieux écartez
Laissez moy dans ma rêverie,
Retirez-vous, je suis trop malheureux
Pour prendre part à vos jeux.

SCENE V.

IARBE, ARCAS.

ARCAS.

Ce n'est pas sans raison que vostre ame allarmée
Par le bruit de la Renommée
Vous fait venir dans ces climats,
Tout parle de l'amour de Didon, & d'Enée;
Mais, grace au Ciel, il ne l'épouse pas;
Prest d'achever son himenée
Le Troyen part secretement,
Vostre amour qu'on méprise est vangé pleinement.

IARBE.

Arcas, que me dis tu? peut-on croire sans peine
Un si grand changement?

ARCAS.

C'est par l'ordre des Dieux qu'il quitte cette Reyne.

IRABE.

Ah! si j'avois le bonheur d'être aimè,
Vainement contre moy le Ciel seroit armé,
Tout l'enfer mesme
Ne pourroit me contraindre à quitter ce que j'aime.

ARCAS.

Les amans qui sont contens
Ne sont pas les plus constans.
Quand on est seur du cœur d'une Maistresse,
On tourne ailleurs ses desirs,
Ce ne sont pas toûjours les plaisirs
Qui font durer la tendresse.
Quelqu'un tourne icy ces pas,
C'est un Troyen, je le vois à ses armes.

IARBE.

Ciel ne seroit-ce pas
Ce trop heureux Rival qui cause mes allarmes ?
Je veux m'en éclaircir.

ARCAS.

Il part, que faites vous ?

IARBE.

Je ne puis écouter que mon juste couroux.

D

SCENE VI.

ENE'E, IARBE, ARCAS.

ARCAS.

UN mouvement de jalousie
Me fait connoître en vous ce fortuné Troyen,
Ce ravisseur d'un bien
Qui pouvoit faire un jour la douceur de ma vie!

ENE'E.

Ce mouvement jaloux
Me fait counoître en vous
Le Roy de Getulie.
J'ay vû Didon sensible à mon ardeur,
J'ay sur vous cét avantage,
Le Ciel, jaloux de mon bonheur,
M'ordonne de quitter Carthage:
Je pars accablé de douleur.
Faut-il que vous portiez la chaine
D'une charmante Reyne
Que je ne puis effacer de mon cœur!

IARBE.

Ne craignez-vous point ma vengeance?
Ignorez-vous, audacieux,
Que du Maître des Dieux
J'ay receu la naissance?

ENE'E.

Si Jupiter vous a donné le jour
Je l'ay receu de la mere d'Amour.
Didon me fera toûjours chere ,
Et fans le Ciel à mon amour contraire ,
Avant la fin du jour je ferois fon époux
Malgré toute voftrè colere.

IARBE.

Ah! c'eft trop braver mon couroux . . .
Mais quel nüage l'environne ?

SCENE VII.

VENUS, IARBE, ARCAS.

VENUS.

ARrefte, Venus te l'ordonne ,
Si tu n'a pas le fecret de charmer
Contre mon Fils faut il s'armer.
Ce n'eft point aux Rivaux à qui l'on doit s'en prendre ,
Quand on n'eft pas aymé d'une ingrate beauté :
Pour la toucher on doit tout entreprendre ,
Employez la conftance, & la fidelité,
Les foins , les foûpirs, & les larmes ,
Sont les armes.
Dont il faut fe fervir pour devenir heureux.

DIDON,

Les soins, les soûpirs, & les larmes,
Sont les armes
Qui vous font triompher dans l'empire amoureux.

SCENE VIII.

IARBE, ARCAS.

IARBE.

AH ! Divinité cruelle,
Pourquoy nous separez-vous ?
Quelle peine mortelle
Pour mon cœur jaloux !
Ah ! Divinité cruelle.

ARCAS.

Vous estes trop vangé, il quitte ce qu'il ayme,
Didon va ressentir une doleur extrême.

IARBE.

Allons joüir de ses regrets,
Je veux livrer son cœur au plus cruel supplice,
Luy reprocher son injustice
Et luy faire sentir les maux qu'elle m'a faits.

Fin du second Acte.

ACTE III.

Le Theatre change, & reprefente une allée d'Arbres, dont les branches fe joignent par le haut en forme de berceau, & dans l'enfoncement une Grotte.

SCENE I.

DIDON, UNE MAGICIENNE.

DIDON.

AH! quelle eft mon inquietude
Au Temple de Junon je n'ay pû demeurer,
Hâtez-vous de me tirer
De ma cruelle incertitude,
J'ay recours à voftre art & j'ay fuivy vos pas
Pour voir vos plus affreux myfteres,

UNE MAGICIENNE.

Les Demons aujourd'huy font fours à mes prieres,
J'ay beau les invoquer ils ne m'entendent pas.

D 2

DIDON.

Quoy pour augmenter mon martire
Mefme dans les Enfers n'a-t'on rien a me dire.
Enée en vain je l'appelle cent fois
Il ne répond pas à ma voix,
Dans le temps que nos cœurs amoureux & fideles
Par l'himen le plus doux devroient fe voir unir,
Qui peut le retenir
J'en reffens des peines mortelles.
Malgré fon extrême valeur
De fon Rival je crains la rage,
Que peut le plus grand courage
Contre l'amour en fureur.
Mais ne feroit-il point volage,
Que deviendrois-je, helas! fi ce retardement
Eft l'effet de fon changement,
J'ay conté fur ton affiftance
Conjure de nouveau l'infernalle puiffance.

UNE MAGICIENNE.

Redoublons nos efforts
Employons des charmes plus forts,
Invoqons Pluton mefme
Il connoift le tourment qu'on fouffre quand on aime.
Puiffant Dieu des Enfers
Que l'Amour autrefois a tenu dans fes fers,
Soyez touché des maux d'une Amante fidelle
Faites-luy fçavoir promptement,
Par les noirs habitans de la nuit éternelle,
Ce qui retient fon Amant.

La Terre s'ouvre en plufieurs endroits, il en fort des Demons & des Furies.

SCENE II.

DIDON, UNE MAGICIENNE.

Troupe de Demons.   Troupe des Furies.

UNE FURIE.

Tu reverras bien - toſt Enée,
Tu paſſeras encor du plaiſir au tourment
Dans cette fatale journée,
Mais aprés un cruel moment
Tu joüiras d'une paiſible vie,
Qui ne ſera jamais ſujette au changement
Et qui n'aura plus rien à craindre de l'envie.

CHOEUR des Habitans des Enfers.

Dans nos gouffres affreux
Parmy les feux,
Nous ſommes moins miſerables,
Dans les Enfers ſans ceſſe on nous tourmente,
C'eſt un horrible ſejour,
Mais noſtre chaîne eſt encor moins peſante
Que la chaîne de l'amour,
La Fureur & la Rage
Sont noſtre partage.
Nous n'aymons rien
C'eſt toûjours un bien,
La Fureur & la Rage
Sont noſtre partage,

23

Nous n'aymons rien
C'est toûjours un avantage.

Les Demons & les Furies s'abîment.

SCENE III.

DIDON, UNE MAGICIENNE.

UNE MAGICIENNE.

Tout répond à vos souhaits
L'Enfer a remply vostre attente
Dans ce jour vous serez contente,
vous joüirez d'une paix
Qui ne finira jamais.

DIDON.

Je ne me sens pas plus tranquille
Souvent les Demons sont trompeurs,
Ils ne sçauroient dissiper mes frayeurs,
Et ce n'est qu'à l'Amour qu'il peut estre facile
De rassurer les tendres cœurs.
Tu ne viens point cher objet de ma flame
Rien ne peut égaller mon trouble & ma douleur.
Tout ce que l'Enfer a d'horreur
Est passé dans mon ame.

LA MAGICIENNE.

J'ay besoin de vostre secours.
Venez, Demons des airs, hastez-vous de paroître

Sous la figure des Amours
Faiftes renaître
Dans le cœur de Didon le plus charmant efpoir.
Que la frayeur en foit banie
Par une douce harmonie,
Haftez-vous de faire voir
De mes enchantemens le merveilleux pouvoir.

La Magicienne fe retire , le Ciel brille d'un nouvel eclat, l'on en voit fortir plufieurs petits Amours qui viennent dancer autour de Didon , en tenant des guirlandes de fleurs.

SCENE IV.

DIDON,

Troupe d'Efprits Aëriens transformez en Amours

LES AMOURS.

Souvent vos craintes font vaines
Tendres cœurs confolez-vous,
Il n'eft point de biens plus doux
Que ceux qui fuivent les peines,
Souvent vos craintes font vaines
Tendres cœurs confolez-vous.

Les Amours reprennent le chennin des Airs.

E

SCENE V.

DIDON, ANNE.

DIDON.

Je vous revois, ma sœur, que venez-vous m'apprendre.

ANNE.

Ah! Princesse trop tendre,
Faut-il vous accabler d'une vive douleur.

DIDON.

Cruel Amour est-ce là ce bonheur
Que je devois attendre.
Parlez, je tremble de frayeur;
Ne reverray-je plus le Heros que j'adore,
A-t'il perdu le jour.

ANNE.

Son lâche cœur respire encore,
Tremblez plûtost pour son amour.
Ce Prince volage
Se prepare à quitter Carthage,
C'est tout ce que j'ay pû sçavoir.

DIDON.

Vous n'en dites que trop, ô! Ciel je suis trahie,
Ma sœur, il y va de ma vie,

Cherchez-moy cet ingrat je veux du moins le voir,
Si l'excés de mon defefpoir
Ne peut toucher fon cœur perfide,
Je me vangeray fur le mien
De la legereté du fien.

ANNE.

Ne fuivez pas le tranfport qui vous guide,
Vangez-vous d'un Ingrat qui vient de vous trahir,
Mais pour fe bien vanger il ne faut pas mourrir.
Il faut mourrir pour un amant fidelle
Il faut mourrir plûtoft que de changer,
Mais pour un cœur qui veut fe dégager
Et qu'en vain l'on rapelle,
Il faut changer d'amour
Plûtoft que de perdre le jour.

DIDON.

Ne cherchez point de remede à ma peine,
S'il n'a point de tendre retour.
Ma mort fera certaine
Ma chere fœur preffez vos pas
Sans luy je ne puis vivre,
Peignez-luy, s'il fe peut, les horreurs du trépas
Où fon inconftance me livre.

ANNE.

Ah ! que ne puis-je adoucir vos ennuis,
Et vous rendre la paix que l'on vous a ravie.

DIDON.

O Dieux ! je vois le Roy de Getulie,
Je veux l'éviter fi je puis.

SCENE VI.

IARBE, DIDON.

IARBE.

Vous me fuyez perfide Reyne,
Vous avez oublié ce que j'ay fait pour vous,
Ingratte inhumaine,
Ne craignez-vous point mon courroux.
Vous pleurez devant moy cruelle
Vous pleurez un volage amant,
Et voſtre cœur ingrat refuſe au plus fidelle
Un ſoûpir ſeulement.

IARBE & DIDON.

Ah! que je ſuis à plaindre
De ne pouvoir éteindre
Une lâche ardeur,
Qui devore mon cœur ;
Ah! que je ſuis à plaindre.

DIDON.

Je rougis quand je penſe à ce que je vous doy,
Vous n'avez que trop fait pour moy,
Mais la cruelle deſtinée
Ne rend pas voſtre ſort plus douz,
Et ſi ma raiſon eſt pour vous
Mon foiblo cœur eſt toûjours pour Enée.

IARBE.

C'en est fait le depit vient de briser mes fers,
Je sors avec plaisir d'un funeste esclavage,
Et je ne me souviens des maux que j'ay soufferts
Que pour vous hair davantage.
Ah! que je me sens agité,
Malheureux j'ayme encor bien plus que je ne pense,
Le seul garand de nostre liberté
Est la tranquille indifference.
Vaines fureurs, transpports jaloux
Helas! de quoy me servez-vous,
Je vous abandonnois mon ame
Vous prometiez de me guerir,
Et loin d'éteindre ma flâme
C'est elle qui vous fait mourrir.

DIDON & IARBE.

Chassez de vostre cœur l'Amour qui le possede,
Ne voyez plus l'objet qui vous a sceu charmer,
Quand on veut cesser d'aymer
L'absence est le plus seur remede.

IARBE.

Ah! quel remede affreux
Cruelle est il possible,
Qu'à mes mortels ennuis vous soyez insensible
Vous m'avez rendu malheureuz.
Par une injuste preference
Souffrez du moins que je reste en ces lieux,
Peut-estre que le temps, mes soins & ma constance
Vous feront oublier ce Rival odieux.

DIDON,

DIDON.

Non, Prince, il ne faut point que voſtre amour ſe flate,
Je vous plains, mais helas!

IARBE.

Vous me plaignez, Ingrate,
Et cependant vous me laiſſez mourrir
Quand vous pouvez me ſecourir.
Faites quelque effort ſour vous-méſme
Contre un ingrat qui vous manque de foy.
Rien ne vaus parle-t'il pour moy?
Ma douleur, mon amour extrême
Ne ſçauroient-ils vous attendrir,
Ingrate faut-il vous haïr
Pour s'atirer voſtre tendreſſe.

DIDON.

De mon cœur ſuis-je la maiſtreſſe.
Je n'eſpere aucuu retour
Du perfide qui m'abandonne,
Et malgrè les conſeils que la raiſon me donne
Je ne puis ſurmonter un malheureux amour.
Prince, n'augmentez plus mon trouble & voſtre peine.
Quittez ces lieux n'eſperez pas - - -

IARBE.

C'en eſt trop inhumaine,
Je ne reverray plus vos dangereux appas.
Vous m'oſtez toute eſperance

D'adoucir voſtre cruautè,
Mais craignez la juſte vangeance
D'un amour irrité.

SCENE VII.

DIDON ſeule.

Tout me trahit, tout m'eſt contraire,
Que vous me ſervez mal, mes yeux,
Vous inſpirez un amour trop ſincere
A ceux qui me ſont odieux;
Et vous n'avez plus l'art de plaire
A l'objet que j'ayme le mieux.
Tout me trahit, tout m'eſt contraire,
Que vous me ſervez mal, mes yeux.

SCENE VIII.

DIDON, BARCE'E.

BARCE'E.

De voſtre cœur moderez la triſteſſe,
Eſperez tout de vos attraits,
Enée & la Princeſſe,
Sont dans voſtre Palais.

DIDON,

DIDON.

Quoy ? ma sœur le rameine,
Amour viens renoüer sa chaîne.
Quoy ? ma sœur le rameine,
Amour viens renoüer sa chaîne.

Fin du troisiéme Acte.

ACTE IV.

Le Theatre change, & represente un grand Salon orné de
plusieurs figures qui marquent les Victoires que l'Amour
a remportées.

SCENE I.

DIDON, ENE'E, ANNE, ACATE.

DIDON.

Es-ce comme un Amant qu'enfin je vous revois,
Où comme un ennemy qui viens m'oster la vie,
Ah ! quand vous me l'aurez ravie,
Qui pourra vous aymer si tendrement que moy.

ENE'E.

Belle Princeſſe je vous ayme,
Mais noſtre amour autrefois ſi charmant
Fait mon plus grand tourment,
Je ne puis ſoulager voſtre douleur extrême.
Je ſuis contraint par un ordre des Dieux
De quitter ces aymables lieux.

DIDON.

O ! Ciel, ton excuſe eſt nouvelle,
Les Dieux vangeurs de l'infidelité,
Commandent ils d'eſtre infidelle ;
Je ne puis plus douter de ta legereté,
Acheve ingrat, dis-moy que le perfide Enée,
Ne peut s'aſſujettir aux loix de l'Hymenée.

ENE'E.

Ne percez point mon cœur des plus funeſtes coups,
Mon ſort me paroiſtroit toûjours digne d'envie,
Si je pouvois vivre pour vous ;
Mais le deſtin veut que de l'Italie,
Je faſſe un Empire puiſſant :
Et c'eſt en vain que l'Amour gemiſſant,
Veut ſerrer le nœud qui nous lie.

DIDON.

Quand vous eſtiez bien enflamé
Vous n'aviez de plaiſir que celuy d'eſtre aymé,
Quelle cruelle difference,
Qu'eſt devenuë une ſi tendre ardeur?
Vous me percipitez du faîte du bonheur
Dans une abiſme de ſouffrance.

F

DIDON,

ENE'E.

Je ne merite pas vos pleurs.
Je sçavois bien que ma presence
Ne feroit qu'aigrir vos douleurs.

DIDON.

Je ne respire plus qu'une affreuse vangeance,
Crains tout de mon ressentiment.
Barbare tu m'as fait une cruelle offence,
Et tu voulois partir secretement,
Sans songer que Didon, mourante, fugitive,
Pourroit de ton Rival devenir la captive.
Mais rien ne sçauroit te toucher
Non, tu n'es point le fils d'une tendre Déesse.
Mais bien plûtost d'une tigresse,

ENE'E.

De moment en moment mon desespoir augmente,
Quoy? foudra-t'il laisser la beauté qui m'enchante
Au pouvoir d'un Rival.
Importune raison cesse de me contraindre,
Je ne sçaurois quitter de si charmans apas,
Laisse brûler un feu que tu ne peux éteindre,
Tu promets des secours que tu ne donnes pas.
Importune raison cesse de me contraindre.
Je ne sçaurois quitter de si charmans apas.
C'en est fait aymable Princesse,
Je demeure en ces lieux, je cede à la tendresse,
Mon cœur ne connoist plus d'autre Divinité,
Que vostre beauté.

ENE'E & ANNE.

Vous triomphez charmante Reyne,

Tout cede au pouvoir de vos yeux,
Malgrè l'ordre des Dieux
Voftre Amant réprend fa chaîne.
Tout cede au pouvoir de vos yeux.

DIDON, ENE'E & ANNE.

Pour nous }
Pour vous } *vanger de cet ordre barbare,*

Qui s'oppofoit à { *nos* } *defirs,*
                { *vos* }

Que jamais rien ne { *nous* } *fepare*
                     { *vous* }

Raffemblons }
Raffemblez } *pour toûjours l'Amour & les plaifirs.*

DIDON.

Allons, ma fœur, allons ordonner qu'on apprête,
A l'honneur de l'Amour la plus galante fête,
Il vient de combler mes vœux
Il ma rendu ce que j'ayme,
Je dois prendre foin moy-mefme
De rendre l'appareil pompeux.

SCENE II.

ENE'E, ACATE.

ACATE.

Vous m'aviez commandé d'aller en diligence
Faire preparer vos Vaiffeaux,
Et dans le moment que j'y penfe
Vous formez des deffeins nouveaux.

Vous deviez n'écouter que les Dieux & la gloire,
Que sont-ils devenus tous ces beaux sentimens,
L'Amour dans voſtre cœur remporte la victoire,
Et vous ne ſuivez plus que ſes doux mouvemens.

ENE'E.

Losſque Mercure au milieu d'un nüäge
M'a commandè d'abandonner Carthage,
Suivant l'ordre des Dieux & du fatal Deſtin,
J'eſtois preſt d'obeir, mais la Reyne trop tendre,
Au Temple de Junon ſe laſſant de m'attendre,
A penetré mon deſſein.
Et m'a fait menacer d'un deſeſpoir funeſte,
Tu viens d'eſtre témoin du reſte.

ACATE.

Quoy? vous l'epouſerez enfin
Malgrè la ſupréme puiſſance.

ENE'E.

Par cet ordre plein de rigueur
Peut-eſtre que le Ciel veut éprouver mon cœur,
Il pourroit s'offencer de mon obeiſſance,
Nous devons à Didon trop de reconnoiſſance,
Ses bontez ont toûjours prevenu nos ſouhaits,
Pourrions-nous la trahir aprés tant de bienfaits.

SCENE III.

ENE'E, DIDON, ANNE, ACATE,
BARCE'E LES JEUX, LES
PLAISIRS.

Troupe de Cartaginois.

DIDON.

VEnez charmans Plaisirs il faut que tout ressente,
Dans ces aymables lieux de bonheur qui m'enchante,

ENE'E & DIDON.

Pour celebrer cet heureux jour
Chantez le pouvoir de l'Amour.

UN PLAISIR.

D'un tendre amour on ne peut se deffendre,
Les plus grands cœurs sont contraints de se rendre.

LE CHOEUR,

D'un tendre amour on ne peut se deffendre,
Les plus grands cœurs sont contraints de se rendre.

En vain l'on croit pouvoir s'en garentir
En s'opposant à sa naissante flâme,
Dés qu'il commence à se faire sentir
On ne sçauroit le chasser de son ame.

F 2

DIDON,

LE CHOEUR.

D'un tendre amour on ne peut se deffendre,
Les plus grands cœurs sont contraints de se rendre.

UN PLAISIR.

Si la raison aprés mille combats
Dans nostre cœur nous paroist la plus forte,
Lorsqu'on revoit un objet plein d'appas
Un doux penchant sur le devoir l'emporte.

LE CHOEUR.

D'un tendre amour on ne peut se deffendre;
Les plus grands cœurs sont contraints de se rendre.

UN PLAISIR.

L'Amour est fait pour l'aymable jeunesse,
Ah! qu'il est doux de sentir sa tendresse.

LE CHOEUR.

L'Amour est fait pour l'aymable jeunesse,
Ah! qu'il est doux de sentir sa tendresse.

UN PLAISIR.

Engageons-nous, formons d'aymables nœuds,
Dans le bel âge où l'on est fait pour plaire,
N'attendons pas à ce temps malheureux,
Où l'on ressent ce qu'on n'inspire guere.

LE CHOEUR.

L'Amour est fait pour l'aymable jeunesse,
Ah! qu'il est doux de sentir sa tendresse.

UN PLAISIR.

Pour s'enflamer le mal est-il si grand,
Dans ces beaux jours peut-on n'estre pas tendre,
L'honneur d'avoir un cœur indifferent
Ne vaut jamais tous les soins qu'il faut prendre.

LE CHOEUR.

L'Amour est fait pour l'aymable jeunesse,
Ah ! qu'il est doux de sentir sa tendresse.

LE CHOEUR.

Regnez charmant Heros dans un si beau sejour,
Faites-vous redouter sur la terre & sur l'onde,
Donnez des loix à tout le monde,
N'en recevez jamais que de l'Amour.

Les Plaisirs sont interrompus par un grand bruit de
Tonnerre, le Ciel se couvre de nuâges épais.

DIDON.

Ah ! quel surprenant Orage,
Cessez, cessez vos concerts;
Quel bruit affreux se répend dans les airs,
Quel funeste presage
Cessez, cessez vos concerts.

CHOEUR DE CARTHAGINOIS.

Dieux quels éclats de tonnerre!
Quel épouventable fracas,
Sous nos timides pas
Nous sentons trembler la terre.

DIDON,

DIDON.

Le Ciel est en couroux ;
Sauvons - nous.

LE CHOEUR.

Sauvons-nous, sauvons-nous.

Didon se retire avec toute sa Cour, Enée la voulant
suivre est arresté par Mercure.

✻❀✻❀✻❀✻❀✻❀✻❀✻❀✻❀✻❀✻❀✻❀✻❀✻❀✻

SCENE IV.

MERCURE, ENE'E.

ENE'E.

Le plus beau jour se change en une nuit obscure.

MERCURE.

Arreste & reconnois Mercure,
De la part du maistre des Dieux
Je viens encor te faire entendre,
Qu'il faut dans ce moment que tu quitte ces lieux.
Ou bien tu dois t'attendre
De recevoir le prix de ta temerité :
Va sauve-toy durant l'obscurité.

SCENE V.

ENE'E seule.

INfortuné que dois-je faire ;
Je ne vois rien qui ne me desespere :
Helas ! faut-il quiter un sejour si charmant.
Ne sçaurois-je des Dieux appaiser la colere,
Qu'en perdant la beauté que j'aime tendrement.
    Je mourray si je l'abondonne.
Le plus cruel trépas me paroist moins affreux.
    Non je ne puis rompre de si beaux nœuds.
Ne partons point, mais le ciel me l'ordonne ;
    Et toy ma gloire tu le veux.
Ah ; je succombe à ma douleur extrême.
        Reservez puissans Dieux
        Pour les ambitieux,
        La grandeur suprême,
    Et me laissez ce que j'aime ;
        Je fais tout mon bonheur
        De regner dans son cœur.

Les éclairs redoublent, le Palais paroist tout en feu.

        O ! Ciel impitoyable,
Vous n'êtes point touché de mon sort déplorable.
Quel déluge de feu tombe sur ce palais.
Dieux ! vous voulez ma mort, vous serez satisfaits.

G

SCENE VI.

ENE'E, ACATE.

ACATE.

JE vous retrouve, enfin ma crainte est vaine.
Que ces horribles feux m'ont fait trembler pour vous.
Ah! croyez-moy, partez, que rien ne vous retienne.
Appaisez des Dux le courroux.

ENE'E & ACATE.

Il faut mourrir ⎱
Il faut mourrir ⎰ pour satisfaire,
A cette loy severe
Je ne pourray ⎱
Vous ne pourrez ⎰ souffrir le jour,
Loin de l'objet de mon ⎱
Si vous n'immolez vostre ⎰ amour.

ACATE.

Fuyez malgré l'amour, fuyez malgré vous même;
Ne tardez pas un moment.

ENE'E

Fuyons malgré l'amour, fuyons malgré moy-même.
Ne tardons pas un moment :
Helas! quand on fuit ce qu'on aime,
Que l'on fuit lentement.

Fin du quatriéme Acte.

ACTE V.

Le Theatre change & represente les Jardins du Palais
de Didon, & la Mer dans l'éloignement.

SCENE I.
DIDON, BARCE'E.
DIDON.

*L*E Soleil est vainqueur de l'ombre :
    Il reprend sa vive clarté ;
Mais mon cœur amoureux est toûjours triste & sombre,
Loin du Heros charmant dont il est enchanté :
Helas ! cruel amour , le funeste ravage
    Que tu fais dans le tendres cœurs.
    Nos soûpirs & nos pleurs
    Durent bien davantage ,
    Que le plus grand orage.
    Où mon amant s'est-il pû retirer ,
Lorsqu'un tonnerre affreux a troublé nostre fête ?
Ah ! si les Dieux vouloient nous separer ;
    Devoient-ils épargner ma tête ?

BARCE'E.

Vous cherchez ce Prince amoureux ;
Sans doute , il vous cherche de même ,

L'orage a fait cesser les Jeux
Avec un desorde extrême ;
Mais rien ne peut plus les troubler :
Ils vont se rassembler.
Des Nymphes de ces lieux , une troupe s'avance ,
Pour charmer vostre impatience.
Voyez leurs innocens plaisirs ,
Je vais chercher l'objet de vos desirs.

SCENE II.

DIDON.

Troupe de Nymphes.

UNE NYMPHE.

L'orage cesse ,
Que l'on se presse ,
De profiter d'un temps si beau.
Tout brille d'un éclat nouveau
Ces lieux ont repris leurs charmes.
L'aimable flambeau du jour
A fait cesser nos allarmes ?
Et ce n'est plus que l'amour ,
Qui peut nous coûter des larmes.

UNE NYMPHE.

Que l'amour a d'apas ,
Pourquoy s'en défendre ?
Qui craint d'être tendre ;
Ne le connoist pas.

UNE NYMPHE & LE CHOEUR.

La beauté, l'aimable jeuneſſe,
L'éclat pompeux des grandeurs,
Sans l'amour & ſa tendreſſe,
Ne contentent pas les cœurs.

UNE NYMPHE & LE CHOEUR.

Que d'un cœur tendre & fidele,
Le bonheur ſeroit charmant,
Si d'une abſence cruelle,
Il ignoroit le tourment.

UNE NYMPHE & LE CHOEUR.

Eloigné de ce qu'on aime,
On eſt flatté par l'eſpoir,
Et le plaiſir eſt extrême,
Quand on vient à ſe revoir.

DIDON.

Mon inquiétude eſt mortelle:
Je ne ſuis point ſenſible à vos yeux les plus doux.
Allez Nymphes retirez-vous;
Je vois ma ſœur, qu'on me laiſſe avec elle.

SCENE III.

DIDON, ANNE.

ANNE.

Vous ignorez encor la grandeur de vos maux,
Enée eſt un ingrat, pour jamais il vous quite;

C'est en vain qu'on voudroit s'opposer à sa fuite,
Il est montè sur ses vaisseaux.

DIDON.

Ah ! que sanglant outrage.
Courons au rivage,
Si mes cris , mes tristes sanglots ,
Ne peuvent arrester ce cruel, ce volage
Précipitons - nous dans les flots,
Courons au rivage.

ANNE.

Voulez-vous des Troyens attirer les mépris ?
Ciel ! quel abaissement pour une grande Rey ne.

DIDON.

Faut - il qu'une mort inhumaine,
De mes bienfaits soit le prix ;
Qu'on fasse des Troyens un horrible carnage,
Hastez-vous de servir ma rage:
Bien-tost les vents furieux,
Vont dérober leurs vaisseaux a mes yeux.

ANNE.

Au nom des Dieux que vostre trouble cesse,
Prenez soin de vos jours.

DIDON.

Pour ramener l'ingrat quil trahit ma tendresse
Employons de nouveaux secours ;
Allez tout préparer pour faire un sacrifice,
Ma sœur , rassemblez promptement

Ce qui peut nous rester de ce perfide amant,
Pour l'offrir à l'enfer & le rende propice;
Allez, allez, ne tardez pas,
Je vais suivre vos pas.

SCENE IV.

DIDON, seule.

Tu me fuis inconstant, dis-moy quelle est ta rage?
L'affreux hyver ne sçauroit t'arrester;
Et pour toy mon amour est plus à redouter
Qu'un funeste naufrage.
Tous cës flots en courroux me font trembler d'effroy:
Ils te puniront de ton crime,
De ton ambition en seras la victime,
Tandis que je mourray pour toy.
Ingrat, prens pitié de toy-même;
Diffère ton départ, du moins pour quelques jours:
Ne te souvient-il plus de nos tendres amours?
Non, tu n'es point sensible à ma douleur extrême,
Traistre, tu prens plaisir à voir
Mon cruel désespoir.
La plus implacable furie.
Arracha de ton cœur
Ce qu'il avoit pour moy d'ardeur,
Et t'inspira toute se barbarie.
Mais le ciel est touché de mes gemissemens;
On entend dans les airs d'horribles sifflemens.
La foudre, la tempête,
Eclatent sur ta tête

Tu vas perir, ah ! quel abifme affreux ;
Tu ne peux éviter tant d'éculeils dangereux.
Dieux ! c'eft trop toft punir fa perfidie :
Attens, cruelle mort,
A terminer fon fort,
Qu'il ait appris que j'ay perdu la vie.
Dans un defefpoir fi preffant,
L'ingrat ne doit plus guere attendre ;
Du même fer dont il m'a fait prefent,
Je puniray mon cœur d'avoir efté trop tendre.
Mais le fecours de ma fureur,
N'eft pas un fecours neceffaire.
Je pers un inconftant, qui feul pouvoit me plaire ;
C'eft trop de ma vive douleur,
Pour me priver de la lumiere.

Elle tombe évanouïe.

SCENE V.

DIDON evanouïe.   L'Ombre de SICHE'E.

L'Ombre de SICHE'E.

Aprés avoir trahi tes fermens & ta foy,
Peux-tu fouffrir le jour malheureufe Princeffe ?
Un infidele comme toy
Me vange de ma foibleffe,
Viens cacher pour jamais dans l'horreur du tombeau,
La honte d'un hymen que tu croyois fi beau.

Didon revient de fon évanouïffement.

DIDON.

Que vois-je ! quel plantôme à mes yeux se presente ?
Ah ; je fremis d'horreur, & d'épouvante.

L'Ombre disparoist.

SCENE VI.
ET DERNIERE.

DIDON seule.

UN genereux trépas dans ce fatal moment,
Peut m'affranchir d'une peine cruelle,
Malheureuse Didon, pour finir ton tourment.
Meurs, l'ombre de Sichée est icy qui t'appelle.
Les enfers n'ont-ils pas prédit ton triste sort ;
Tu les entens enfin, cette paisible vie
Qui n'est point sujette à l'envie,
Est le repos qui suit la mort.
Terminons des jours déplorables ;
Mourons, puisqu'on me laisse en proye à ma fureur,
Ne perdons pas ces momens favorables,
L'ingrat qui trahit mon ardeur
Vient d'échaper à ma rage.
Déchirons ce funeste gage,
D'un amant parjure & trompeur ;
Perçons du moins son image,
Puisqu'elle est encor dans mon cœur,

Didon dechire la robe qu'Enée luy avoit donnée, & se
frape d'un poignard qu'elle portoit toûjours, parce qu'il ve-
noit de luy.   H

Traître, reconnois ton ouvrage ;
Vois ce coup inhumain :
Il part de ta cruelle main,
Pour contenter ta barbarie,
Ce n'estoit pas assez de mes vives douleurs,
Il falloit m'aracher la vie ;
Soûle-toy de mon sang, ah ! c'en est fait je meurs.

Fin du cinquiéme & dernier
ACTE.